BEI GRIN MACHT SICH IHR WISSEN BEZAHLT

- Wir veröffentlichen Ihre Hausarbeit, Bachelor- und Masterarbeit

- Ihr eigenes eBook und Buch - weltweit in allen wichtigen Shops

- Verdienen Sie an jedem Verkauf

Jetzt bei www.GRIN.com hochladen und kostenlos publizieren

Bibliografische Information der Deutschen Nationalbibliothek:

Die Deutsche Bibliothek verzeichnet diese Publikation in der Deutschen Nationalbibliografie; detaillierte bibliografische Daten sind im Internet über http://dnb.d-nb.de/ abrufbar.

Dieses Werk sowie alle darin enthaltenen einzelnen Beiträge und Abbildungen sind urheberrechtlich geschützt. Jede Verwertung, die nicht ausdrücklich vom Urheberrechtsschutz zugelassen ist, bedarf der vorherigen Zustimmung des Verlages. Das gilt insbesondere für Vervielfältigungen, Bearbeitungen, Übersetzungen, Mikroverfilmungen, Auswertungen durch Datenbanken und für die Einspeicherung und Verarbeitung in elektronische Systeme. Alle Rechte, auch die des auszugsweisen Nachdrucks, der fotomechanischen Wiedergabe (einschließlich Mikrokopie) sowie der Auswertung durch Datenbanken oder ähnliche Einrichtungen, vorbehalten.

Impressum:

Copyright © 2011 GRIN Verlag, Open Publishing GmbH
Druck und Bindung: Books on Demand GmbH, Norderstedt Germany
ISBN: 9783668263727

Dieses Buch bei GRIN:

http://www.grin.com/de/e-book/336623/koennen-kinder-philosophieren-hans-ludwig-freese-und-die-kinderphilosophie

Danielle Ackermann

Können Kinder philosophieren? Hans Ludwig Freese und die Kinderphilosophie

GRIN Verlag

GRIN - Your knowledge has value

Der GRIN Verlag publiziert seit 1998 wissenschaftliche Arbeiten von Studenten, Hochschullehrern und anderen Akademikern als eBook und gedrucktes Buch. Die Verlagswebsite www.grin.com ist die ideale Plattform zur Veröffentlichung von Hausarbeiten, Abschlussarbeiten, wissenschaftlichen Aufsätzen, Dissertationen und Fachbüchern.

Besuchen Sie uns im Internet:

http://www.grin.com/

http://www.facebook.com/grincom

http://www.twitter.com/grin_com

Inhalt

Inhalt 1
1 Einleitung 2
2 Hans-Ludwig Freese 3
   2.1 Das Kind 3
   2.2 Philosophieverständnis 4
   2.3 Methoden 5
3 Bedeutung des Philosophierens mit Kindern 6
   3.1 Vorteile 7
   3.2 Voraussetzungen 8
   3.3 Medien 9
   3.4 Praxis 10
4 Schlusswort 12
5 Quellenangaben 14

1 Einleitung

Die Bewegung der Kinderphilosophie hat ihre Ursprünge in den USA. Dort plädierte schon am Anfang des 20. Jahrhunderts John Dewey für eine kindliche Reflektivität. Diese Vision wurde in den 70er Jahren massiv vorangetrieben und es begannen intensive Studien zum Thema „Philosophieren mit Kindern". Als Pioniere dieser Zeit können Matthew Lipman und Gareth Matthews angesehen werden. Durch deren Anregungen entwickelten sich in den 70er und 80er Jahren weltweit kinderphilosophische Ansätze. In Deutschland lassen sich erste Reflexionen auf das Philosophieren mit Kindern nach dem Ersten Weltkrieg vorfinden[1] und bis heute handelt es sich bei der Frage „Kann man mit Kindern philosophieren?" um eine interessante Thematik.

Dabei versuchen viele Autoren und deren Modelle uns nahe zu bringen, dass ein Kind nicht in der Lage sei, sich mit komplexen Themenbereichen und dem Philosophieren zu befassen. Als einer der Gründe wird immer wieder angeführt, dass sich Kinder in jungen Jahren in einer prä-rationalen Welt befinden würden, in der logisches Denken noch nicht möglich sei. Doch sollten Kinder wirklich von Fragen philosophischer Natur ferngehalten werden, weil sie die dafür benötigten Fähigkeiten nicht besitzen? Und welche Gründe sprechen im Gegenteil für das Philosophieren mit Kindern?

In meiner Ausarbeitung möchte ich versuchen, unter anderem diese Fragen zu beantworten. Dabei werde ich zunächst Bezug auf Hans-Ludwig Freese nehmen, der sich positiv für das Philosophieren mit Kindern ausspricht. Um seine Vorstellungen zur Kinderphilosophie zu verdeutlichen, möchte ich nicht nur sein Bild vom Kind sowie sein Philosophieverständnis darlegen, sondern ich werde mich ebenso mit den Methoden befassen, die Freese für ein erfolgreiches Philosophieren mit Kindern anführt. Anschließend möchte ich mich in meinem vorletzten Kapitel der Bedeutung der Kinderphilosophie widmen, indem ich eventuelle Vorteile, aber auch Voraussetzungen beleuchte, die sich durch das Arbeiten mit Kindern an philosophischen Fragestellungen ergeben. Am Ende dieses Kapitels möchte ich einen Blick in die Praxis werfen, um in meinem Schlusswort schließlich zurück zu der Frage zu gelangen, ob philosophieren mit Kindern möglich sein kann.

---

[1] Martens, Ekkehard: *Philosophieren mit Kindern. Eine Einführung in die Philosophie.* Stuttgart 1999, S. 16.

2 Hans-Ludwig Freese

Hans-Ludwig Freese wurde 1934 geboren und ist Diplom-Psychologe und Professor für Pädagogik an der Freien Universität Berlin. Als Übersetzer der kinderphilosophischen Werke von Matthews, lehnt Freese sich in seinem Denken über das Philosophieren mit Kindern ganz offensichtlich an diesen an. Beiden geht es weniger um die Vermittlung von Denkfähigkeiten, sondern vielmehr um das Schaffen einer Umgebung für Kinder, in der sie kreativ sein und ihr Denken entfalten können. Als kindgemäße Entfaltung hält Freese eine Einübung in das mythische Denken für sinnvoll[2], auf welches ich im weiteren Verlauf meiner Ausarbeitung noch einmal näher eingehen werde.

2.1 Das Kind

Sofern Kinder nicht bereits durch die Schule geschädigt sind, so lässt sich feststellen, dass sie gegenüber Neuem stets aufgeschlossen, vorurteilsfrei und phantasievoll sind. Sie lieben den Witz, das Paradoxon, das Überraschende und das Vieldeutige. Außerdem lassen sie sich gerne zu eigenen Überlegungen anregen, sie haben Spaß am Streitgespräch und sie lassen sich leicht begeistern, nachdenklich oder betroffen stimmen. Erwachsene sollten die Kinder dabei stets ernst nehmen, ihnen zuhören und ihnen gegenüber nicht lehrhaft auftreten.[3]

Auch die Fähigkeiten zu Staunen und der Besitz eines unermüdlichen Frageeifers, welche Freese für die beiden wichtigsten Voraussetzungen eines Philosophen hält, spricht er Kindern zu. Seiner Meinung nach lassen sich in naiven Kinderfragen Probleme finden, die durchaus als philosophische Fragestellungen betrachtet werden können. Kinder haben teilweise sogar überraschende philosophische Einsichten, in denen sich die Gedanken großer Philosophen wiederfinden lassen. Freese spricht Kindern bereits in jungem Alter hohe kognitive Kompetenzen zu, womit er sich gegen die Stufentheorie Piagets stellt, die das logische Denken bei Kindern erst in der formal operativen Phase einordnet. Mit dem Infragestellen der Stufentheorie und der Aussage, dass Kinder früher als Piaget es annimmt, schlussfolgernd und selbstreflexiv denken können, möchte Freese mehr Platz für das Philosophische Denken von Kindern schaffen.[4]

---

[2] Engelhardt, Stephan: *Modelle und Perspektiven der Kinderphilosophie.* Heinsberg 1997, S. 122. Im Folgenden zitiert als: Engelhardt.
[3] Engelhardt. S. 123.
[4] Ebd., S. 124.

2.2 Philosophieverständnis

Freese unterscheidet 3 Grundhaltungen zum Philosophieren mit Kindern[5]:

1. Philosophie als Quelle der Belehrung und Anleitung zum rechten Leben sowie als geistiges Training (Kant, Lipman).

2. Die Philosophie verdankt sich selbst metaphysischen Erlebnissen in der Kindheit und in kindlichen Fragen und soll Antwort auf diese geben (Jaspers, Matthews).

3. Kinder sollten von Philosophie ferngehalten werden, da sie die hierfür benötigten Fähigkeiten nicht besitzen (Aristoteles, Schopenhauer).

Betrachtet man diese 3 Grundhaltungen zum Philosophieren mit Kindern, so lässt sich Freese am ehesten der 2. Grundhaltung zuordnen. Entscheidend ist bei ihm die Abgrenzung vom Stufenmodell Piagets und die Ablehnung eines Philosophieverständnisses, das die naturwissenschaftliche Vernunft absolut setzt. Bezüglich seiner „Kritik der wissenschaftlichen Vernunft" stützt er sich auf das gleichnamige Buch Hübners aus dem Jahr 1978[6]. Freese spricht in diesem Zusammenhang vom Mythos bzw. vom mythischen Denken, das dem kindlichen Denken am nächsten stehe und bei dem es sich seiner Meinung nach zwar um eine vom wissenschaftlichen unterschiedene Denkform handelt, die aber durchaus als gleichwertig betrachtet werden kann. [7] Mit dieser These sollen die entwicklungspsychologischen Annahmen und Zwänge in den Hintergrund rücken, damit das kindliche Denken anerkannt und gefördert werden kann: „Mit der Rehabilitation des mythischen Denkens ist der Weg gebahnt für das Verständnis und die Anerkennung anderer Denkformen als der wissenschaftlichen und somit auch der Eigenart des kindlichen Denkens."[8]

Zusammenfassend lässt sich also festhalten, dass Freese das rein rationale Wissenschaftsverständnis ablehnt und stattdessen das mythische Denken in den Vordergrund rückt, welches dem kindlichen Denken seiner Meinung nach näher steht, wobei er beide Denkformen als logisch und gleichwertig auffasst. Mit der Einsicht, dass das Denken eines Kindes nicht naiv ist, sondern dass es sich dabei um ein mythisches Denken handelt, sei auch gewährleistet, dass Kinder mit ihren Fragen und Einsichten erst genommen werden.[9]

---

[5] Engelhardt, S. 124.
[6] Hübner, Kurt. *Kritik der wissenschaftlichen Vernunft*. Freiburg 1978.
[7] Engelhardt, S.125.
[8] Ebd.
[9] Ebd.

2.3 Methoden

Als zentrale Methoden für das Philosophieren mit Kindern schlägt Freese den sokratischen Dialog und das Gedankenexperiment vor, auf die ich in diesem Kapitel nun näher eingehen möchte.

Der sokratische Dialog:

Die gemeinsame Lösung eines philosophischen Problems und die spielerische Auffindung von Antworten lassen sich als sokratischen Dialog bezeichnen. Diese Methodik stammt vom Philosophen Sokrates ab und wurde von seinem Schüler Platon überliefert. Das sokratische Gespräch lässt sich im Allgemeinen in folgende drei Phasen unterteilen:

1. Vorbereitungsphase:

Hierbei wird die Frage geklärt, welches philosophische Problem gelöst werden soll. Des Weiteren werden Gesprächsregeln aufgestellt.

2. Philosophisches Gespräch:

Das philosophische Gespräch besteht sowohl aus gemeinsamen Diskussionen des philosophischen Problems als auch aus der Klärung von Begriffen und deren Argumentation. Dabei kann die Gesprächsleitung sowohl vom Lehrpersonal als auch von den Schülern übernommen werden. Als Ziel dieses Gespräches kann die Formulierung einer vorläufigen Antwort angesehen werden.

3. Metagespräch:

Das Metagespräch dient während des Gesprächs als Unterbrechung oder findet am Ende der Diskussion als eine Reflexion statt. Dabei werden Probleme und deren Ursachen, die während der Diskussion auftraten, thematisiert und zu lösen versucht (z.B. ob die vereinbarten Regeln eingehalten wurden und wie beim nächsten Gespräch eine Verbesserung erzielt werden könnte).[10]

Insgesamt sollte beim sokratischen Dialog darauf geachtet werden, dass Gedanken bzw. Fragen klar formuliert werden und dass es in keinem Fall zu einer Vorwegnahme „richtiger" Antworten kommen sollte, um die Nachdenklichkeit der Kinder effektiv zu fördern.[11]

Das Gedankenexperiment:

Durch diese Methode ist es möglich, Experimente mit Gedanken und imaginären

---

[10] Brünning, Barbara. *Philosophieren in der Grundschule. Grundlagen, Methoden, Anregungen.* Berlin 2001, S. 31. Im Folgenden zitiert als: Brünning.
[11] Freese, Hans-Ludwig. Phantasie und Reflexion, in: Martens, Ekkehard u. Schreier, Helmut (Hg.): *Philosophieren mit Schulkindern.* Heinsberg 1994. Im Folgenden zitiert als: Ekkehard.

Möglichkeiten nachzuvollziehen, welche so in der Realität nicht anzutreffen sind. Durch die Übung der Einbildungskraft und des Verstandes soll die Freiheit des Denkens und die Veränderbarkeit der Realität erlebt werden.[12] Vor allem Kinder seien in der Lage, sich auf solche Gedankenexperimente einzulassen und aus ihnen zu lernen:

„[...] mühelos und spielerisch wechseln sie von einer Welt in die andere und erfahren, dass Factum und Fictum einander untrennbar durchdringen. Sie erschaffen aus Elementen der Erfahrung Phantasie- und Gedankenwelten, in denen sie auf Erkundungsreisen gehen, um daraus mit einem tieferen Verständnis der Wirklichkeit zurückzukehren."[13]

Gedankenexperimente bestehen fast immer aus einer „Was wäre, wenn..."[14] Konstruktion. Sie können also dazu dienen, eventuelle Folgen einer Behauptung, einer Regel oder einer Handlung nachzuvollziehen und zu bedenken. Als eine besondere Form des Gedankenexperiments gilt die Methode des „fremden Blicks".[15] Diese stellt ein Verfahren dar, bei welchem der Mensch durch ein nichtmenschliches Wesen beobachtet wird, was neue Sichtweisen auf bis dahin Selbstverständliches ermöglicht. Um alle Kinder aktiv in den philosophischen Prozess einbinden zu können, steht dem Lehrkörper die Gedankenkette zur Verfügung. Hierbei wird eine philosophische Frage gestellt und jeder kann der Reihe nach Stellung in einem Satz dazu nehmen, wobei jedes Argument nur einmal vorgetragen werden sollte.[16]

3 Bedeutung des Philosophierens mit Kindern

Nicht nur der Philosoph Karl Jasper (Kap. 2.2) geht also davon aus, dass Kinder bereits während ihrer Grundschulzeit mit den Grundhaltungen des Philosophierens (Staunen, Zweifeln, Betroffenheit) an die Welt herantreten. Auch Freese sieht in Kindern die von Natur gegebene Fähigkeit zu Staunen sowie einen unermüdlichen Frageeifer. Die Kinder befassen sich vor allem immer dann tiefgründig mit einer Thematik, wenn die ihnen vertraute Welt ihre Selbstverständlichkeit verliert und für die Kinder dadurch zum Problem wird. In jungen Jahren besteht eines der elementarsten Grundbedürfnisse der Kinder darin, sowohl den Sinn für ihr eigenes Leben als auch den Sinn der Welt zu finden.

Philosophieren mit Kindern heißt Fragen und Antworten – und diese Antworten zu begründen. Gemeinsam soll die Bedeutung von Wörtern erforscht und in Erfahrung gebracht werden,

---

[12] Ekkehard, S. 133.
[13] Ekkehard, S.131.
[14] Ebd.
[15] Brünning, S. 33-34.
[16] Ebd.

warum die Dinge so sind, wie sie sind.

Für Lehrer/innen[17] bedeutet Philosophieren mit Kindern, den Kindern aufmerksam zuzuhören und sie und ihre Gedanken stets ernst zu nehmen. Gemeinsam mit den Kindern reflektieren die Lehrer über das Denken sowie die Sprache und versuchen dabei, den Kindern möglichst viele kreative Gedanken zu entlocken, ohne ihnen dabei jedoch die eigene Meinung aufzwängen zu wollen. Die Kinder sollen das Gefühl vermittelt bekommen, dass keine ihrer Fragen dumm oder uninteressant sind, sondern im Gegenteil berechtigt und es Wert sind, über sie nachzudenken. Vor allem soll das Philosophieren mit Kindern deren Wahrnehmung schulen, Dinge genauer zu untersuchen. So werden sowohl die äußere, als auch die innere Wahrnehmung gefördert, Assoziationen zusammengetragen und schließlich durch die Fragen der Kinder eine Diskussion in Gang gesetzt.

Es scheint, als würde zur Philosophie eine gewisse Haltung der Neugier und Offenheit gehören, sich neuen Einsichten zu widmen, mit Irritationen zu leben und sich mit vorläufigen Antworten zu begnügen. Auch diese Fähigkeiten werden Kindern oftmals abgesprochen und so kommt es dazu, dass ihre Fragen nicht konsequent weitergedacht oder aber mit unbefriedigenden Antworten versehen werden. Jedoch entgehen Eltern und Lehrern mit dieser Einstellung viele Möglichkeiten, philosophische Fragen der Kinder überhaupt wahrzunehmen und sich mit Hilfe dieser selbst neu zu orientieren.[18] „[...] Philosophieren zusammen mit Kindern ist zugleich eine Einführung in die Philosophie auch für die Erwachsenen."[19]

3.1 Vorteile

Gleich ob bei der Philosophie mit Erwachsenen oder Kindern stehen am Anfang wie bereits beschrieben die Fähigkeit zu Staunen sowie ein unermüdlicher Frageeifer, wobei diese beiden Faktoren - laut Freese - bei Kindern von Natur aus gegeben sind. So kann durch das Philosophieren das Interesse der Kinder nach Fragen und Staunen wach gehalten werden, sodass das Sich-Wundern-Können, wie Freese es bezeichnet, erhalten bleibt. Im Verlauf der Zeit lernen Kinder, Begriffe kritisch zu prüfen und sie verstehen, mit welchen Schritten sie sich unterschiedlichen Themenkomplexen annähern können. Somit erwirbt das Kind Methodenkompetenzen, welche auch für andere Bereiche des Leben elementar sind. Zu diesen Methoden zählen bei der philosophischen Arbeit das Gespräch, das Schreiben und das Lesen, bei denen es sich zwar um kognitive Methoden handelt, die jedoch eine kreative Umsetzung erfordern.

---

[17] Im Folgenden werden Lehrerinnen und Lehrer zur besseren Lesbarkeit als „Lehrer" zusammengefasst.
[18] Ekkehard, Martens: *Philosophieren mit Kindern. Eine Einführung in die Philosophie.* Stuttgart 1999, S. 9-30.
[19] Ebd., S. 15.

Mit steigenden philosophischen Fähigkeiten wird es für die Kinder möglich, sich von vorgefertigten Denkstrukturen zu lösen und das freie Denken, welches einem Kind eigen ist, zu bewahren. Dabei steht beim Philosophieren mit Kindern kein vorgefertigter Inhalt, sondern das Kind mit seinen Gedanken und Fragen im Mittelpunkt des Geschehens.[20]

Die zunehmende Informationsflut, der Kinder und Jugendliche heutzutage ausgesetzt sind, macht selbstständiges Denken des Weiteren mehr denn je notwendig. Dabei kann es nicht ausreichen, bereits durchdachte Theorien unkritisch auf sich selbst zu übertragen, sondern Kinder sollten in der Lage sein, diese kritisch zu hinterfragen.

Zusammenfassend lässt sich festhalten, dass Kinder durch das Philosophieren darin bestärkt werden, sich Grundfragen der Menschheit anzunähern, diese zu durchdenken und im Anschluss zu artikulieren. Durch das Fördern eigenständigen Fragens und Nachdenkens kann die Persönlichkeitsentwicklung positiv beeinflusst werden. Kinder lernen, auch das eigene Denken zu reflektieren und es zu kontrollieren. Außerdem bewirkt das gemeinsame Diskutieren, das Zuhören und das Suchen nach Lösungen zusammen mit anderen Kinder, diese und deren Meinungen zu akzeptieren und gemeinsam eine Gesprächskultur zu entwickeln, die auch in vielen anderen Lebensbereichen von Vorteil sein kann.

3.2 Voraussetzungen

Es hat sich gezeigt, dass es keine besonderen Vorkenntnisse seitens der Kinder erforderlich sind, um mit ihnen philosophieren zu können. Zuweilen neigen - zumindest nach eigenen Erfahrungen - eher begabte Kinder dazu, philosophische Fragen oftmals nicht tiefgreifend zu durchdenken, sondern diese mit vorschnellen Antworten abzutun. Kinder aus den denkbar unterschiedlichsten Elternhäusern hingegen weisen die Tendenz auf, sich intensiver mit philosophischen Problemen zu beschäftigen. Es zeigt sich also, dass der Faktor Begabung nicht als ausschlaggebend für das Philosophieren gelten kann. Es sollte also keine Selektion ausgehend von Noten oder Voraussetzungen betrieben werden, da gerade durch die dadurch gewonnene Heterogenität lebendige, vielseitige und aspektreiche Diskussionen aufkommen können. Durch das Betreiben einer „Auslese" würde das Gespräch an Vielfalt, Persönlichkeit und Erfahrung verlieren. Somit sollte allen Kindern die Möglichkeit gegeben werden, sich philosophischen Problemen anzunähern.[21]

Vor allem die Lehrer sollten eine vielfältige Anzahl an Voraussetzungen erfüllen, um mit

---

[20] Wiesheu, Roswitha. *Kinder philosophieren – und kommen dem Leben auf die Spur!*, in: Karlfriedrich Herb/Siegfried Höfling/Roswitha Wisheu (Hg.): *Kinder Philosophieren. Argumente und Materialien zum Zeitgeschehen.* München 2007, S. 11-12.
[21] Freese, Hans-Ludwig. *Kinder sind Philosophen.* Weinheim 2002, S. 117-124.

Kindern philosophieren zu können. Dabei müssen sie in der Lage sein, die Kinder und ihre Gedanken ernst zu nehmen und die pädagogischen Spielräume auszunutzen, die es den Kindern ermöglichen, ihre Fähig- und Fertigkeiten weiter zu entwickeln.[22] Aber auch Zurückhaltung und die die Fähigkeit, Geäußertes im Raum – unkommentiert – stehen zu lassen sind wichtige Voraussetzungen. Dabei müssen die eigenen Standpunkte und Argumente in den Hintergrund rücken, um einen offenen Gesprächsverlauf ohne ein bestimmtes, vorher festgelegtes Ergebnis zu ermöglichen. Eine der Hauptvoraussetzung ist natürlich auch das Interesse, Phänomene aus unterschiedlichen Blickwinkeln zu betrachten und dabei auch eventuell auftretende unangenehme und schwere Themen aufzugreifen und zu besprechen. Auch wenn die eigene Meinung der Lehrer im Hintergrund steht, müssen sie dennoch in der Lage sein, die eigenen Gedanken zu begründen und verständlich zu artikulieren. Dazu gehört auch ein Grundwissen der philosophischen Grundbegriffe und Methoden. Dies ist notwendig, um den philosophischen Aspekt einer Thematik, oder überhaupt eine philosophische Frage zu erkennen. Bei fortgeschritteneren Lehrern sollte stets nach neuen und kreativen Lösungen schwieriger Situationen gesucht werden. Des Weiteren sollten sie das eigene Verhalten stets reflektieren, um sicherzustellen, dass sie sich nicht in festgefahrenen Mustern bewegen.

3.3 Medien

Verbale Medien:

Fragen von Kindern können den Ausgangspunkt philosophischer Diskussionen darstellen. Dabei handelt es sich meist um Fragen, welche sich direkt auf die Lebenswelt der Kinder beziehen. Neben diesen Fragen können auch Kinderbücher, welche sich mit philosophischen Themen befassen, die Quelle philosophischer Betrachtungen bilden. Aber auch Fabeln und Märchen sind als Grundlage für das Philosophieren geeignet, da in ihnen anschauliche Beispiele und Vorstellungen unseres Daseins zum Ausdruck gebracht werden. Bei jeder verwendeten Literatur ist jedoch darauf zu achten, dass die Geschichten nicht zu lang sind, da sie nur Impulse zum eigenen Nachdenken geben sollen.[23]

Visuelle Medien:

Fotos und Bilder können ebenfalls zu philosophischen Diskussionen anregen. Sie wirken intensivierend bei der Entstehung neuer Ideen oder bei der Klärung von Begriffen. Der Vorteil dieses Mediums ist die Mehrdimensionalität, durch die die Kinder in die Lage versetzt werden, Beziehungen, Zusammenhänge oder Widersprüche in mehreren Dimensionen wie z.B. Farben

---

[22] Zoller, Eva. *Die kleinen Philosophen. Vom Umgang mit „schwierigen" Kinderfragen.* Freiburg 1995, S. 117.
[23] Brünning, S. 35-37.

und Formen wahrnehmen zu können.[24]

Somit dienen Bilder:

- der Produktion eigener Gedanken durch visuelle Symbole, wie zum Beispiel das eigenständige Zeichnen von Bildern zu einem bestimmten philosophischen Kontext;
- der Intensivierung der eigenen Gedankengänge, welche durch ein Bild hervorgerufen werden.[25]

Handlungsbezogene Medien:

Das Medium „Spielen" wie zum Beispiel Kreis- oder Rollenspiele stellt eines der wichtigsten und am häufigsten genutzten Medien in der Grundschule dar, wobei beim Philosophieren vornehmlich Sprach- und Argumentationsspiele ihre Verwendung finden. Durch diese wird der bewusste Umgang mit den thematisierten Begriffen gefördert und weckt darüber hinaus das Interesse, die eigene Meinung plausibel zu begründen. Die Spiele zu diesem Medium sind vielfältig und reichen von Argumentations-, verbalen und nonverbalen Spielen mit einem hohen Maß an Eigeninitiative.[26]

3.4 Praxis

Aufgrund der unterschiedlichen Voraussetzungen von Kindertageseinrichtungen und Schulen, entwickeln diese sehr unterschiedliche Wege, um das Philosophieren in den Alltag der Kinder zu integrieren. So können im Kindergarten philosophische Einheiten entweder freiwillig oder aber als fester Bestandteil in den Gruppenarbeiten verankert werden. Probleme können hier vor allem aufgrund der zeitlichen Strukturen auftreten. Jedoch kann auch hier auf der Basis von spontanen philosophischen Gesprächen die Philosophie Einzug erhalten.

Auch an Schulen ist durch die Vorgaben im Lernplan, den straffen Stundenplan, die begrenzte Zeit einer Unterrichtsstunde und dem allgemein sehr ziel- und ergebnisorientierten Unterricht nur vereinzelt die Möglichkeit gegeben, mit der gesamten Klasse zu philosophieren. So kommt es oftmals in Form von Arbeitsgemeinschaften oder Projektgruppen zum Philosophieren mit den Kindern, um mehr Zeit für die Gesprächsrunden zu haben und um zu vermeiden, dass mitten in einem interessanten Gespräch der Pausenton erhellt und die Diskussion durch diesen unterbrochen wird.

Der Arbeitsaufwand für das Philosophieren mit der gesamten Klasse ist hoch, da die Einheiten genauer geplant werden müssen und unterschiedliche Sozialformen zum Einsatz kommen

---

[24] Ebd., S. 37-38.
[25] Ebd., S. 38.
[26] Ebd., S. 38-44.

sollten, um den Gedankenaustausch der Schüler optimal zu fördern.

Der Ausgangspunkt für die Planung einer philosophischen Einheit ist zumeist eine philosophische Fragestellung, welche im Idealfall von den Kindern selbst geäußert wurde. Der Planung eines passenden Einstiegs folgt die Wahl derjenigen Methoden, die sich für das Thema am Besten eignen, bevor schließlich geeignete Sozialformen ausgewählt werden. Zeitlich festgelegte Rahmen erleichtern den Kindern das Philosophieren, da sie sich auf das Philosophieren vorbereiten und einstellen können, wobei Lehrer stets flexibel und offen sein sollten, um Diskussionen nicht vorschnell abzubrechen oder sogar lenkend in diese einzugreifen. Daneben sollte auch die räumliche Umgebung dem Thema „Philosophie" angepasst werden, wozu im Optimalfall ein eigens dafür geschaffener Raum dient. Dies versetzt die Kinder in eine Atmosphäre, welche Philosophie für sie zu etwas Besonderem macht. Da Gesprächsregeln beim Philosophieren wie bereits beschrieben unerlässlich sind, sollten diese bestenfalls mit den Kindern zusammen erarbeitet und aufgestellt werden. Ein beliebtes Ritual beim Philosophieren ist die Bildung eines Sitzkreises, welcher ohne großen Aufwand eine Atmosphäre schafft, die sich vom normalen Unterrichtsgeschehen abhebt. Um Fragen, welche nicht sofort diskutiert werden können nicht aus den Augen zu verlieren, ist das Anlegen eines Frageplakates sinnvoll, um angesprochene, diskussionswürdige Themen nicht aus den Augen zu verlieren und auf diese später noch einmal zurückzukommen.

Natürlich können ebenso die Eltern in das Geschehen mit einbezogen werden, um das Philosophieren mit Kindern auch ihnen näher zu bringen. Es zeigt sich, dass Erwachsene oft Schwierigkeiten haben, mit aufkommenden Fragen ihrer Kinder umzugehen, sodass das Einbeziehen der Eltern auch für sie selbst als positiv zu bewerten wäre. Außerdem könnte dies beispielsweise auch zu neuen Ansichten bezüglich ihrer Erziehungsmethoden oder den gemeinsamen Umgang innerhalb der Familie führen. Eine sinnvolle Maßnahme dafür wäre die Partizipation der Eltern schon während der Entstehung und Planung philosophischer Einheiten.

4 Schlusswort

Um eine Antwort auf die Frage: „Können Kinder philosophieren?" geben zu können, muss zunächst immer erst geklärt werden, wie der Begriff Philosophie definiert werden soll. Versteht man Philosophie als Liebe zur Weisheit (griech. = Liebe [philos] zur Weisheit [sophia])[27], so kann man die Frage meiner Meinung nach durchaus mit „Ja" beantworten. Kinder müssen keine speziellen Fähigkeiten aufweisen, außer der Lust, sich intensiv mit Fragen auseinander zu setzen, welche nicht sofort mit einer befriedigenden Antwort zu lösen sind. Ein Mix aus „begabten" und „normalen" Kindern kann zu vielfältigen und interessanten Diskussionen über die verschiedensten philosophischen Themen führen, wobei alle daran beteiligten Personen bei einem solchen Prozess voneinander lernen können.

Jedoch spielen einige äußere Faktoren eine entscheidende Rolle, um das Philosophieren mit Kindern als positives Erlebnis gestalten zu können. Hierzu gehört ein sorgfältig ausgebildetes Lehrpersonal, welches in der Lage sein sollte, eine philosophische Einheit entsprechend durchzuführen. Es muss in der Lage sein, die für die Thematik angemessenen Methoden und Sozialformen auszuwählen und den Kindern stets offen gegenüber zu treten. Dabei bedarf es des Weiteren sicherlich auch an Geduld, da mit Kindern, die im Umgang mit philosophischen Fragestellungen ungeübt sind, nicht von Anfang an tiefgründige Diskussionen mit angemessener Gesprächskultur zu erwarten sind. Das Philosophieren mit Kindern ist ein sich entwickelnder Prozess, bei welchem sich sowohl die Kinder, als auch die Lehrer langsam steigern und übertreffen können. Auch die Rahmenbedingungen, wie das Einräumen ausreichender Zeit zum Philosophieren und die räumlichen Bedingungen sowie deren Gestaltung haben Einfluss auf das Gelingen des „Philosophierens mit Kindern". Wirkt die Umgebung, das Material oder die gesprächsführende Person nicht ansprechend auf die Kinder, sind keine Fortschritte der Kinder bezogen aus das Philosophieren zu erwarten.

Abschließend sollte noch einmal festgehalten werden, dass sich das Philosophieren mit Kindern durchaus positiv auf viele verschiedene Lebensbereiche der Kinder auswirken kann, da sie im Zuhören, Tolerieren und Akzeptieren anderer Personen geschult werden. Deshalb sollten sich sowohl Erwachsene im Allgemeinen, als auch Lehrer auf Kinder und deren Fragen einlassen, um den unterschiedlichen, kindlichen Sichtweisen näher zu kommen und mit den Kindern über diese ins Gespräch zu kommen. Somit wird auch einem selbst die Möglichkeit eröffnet, sich von seinen eigenen, möglicherweise festgefahrenen Einstellungen zu lösen und über vermeintlich bekannte Dinge zum Nachdenken angeregt zu werden. Als Erwachsener sollte man bereit sein, etwas über die Denkfähigkeit von Kindern zu erfahren,

---

[27]Brüning, S. 8.

um somit auch das Potenzial der Kinder in einem ausreichenden Maße ausschöpfen zu können.

5 Quellenangaben

BRÜNNING, Barbara. *Philosophieren in der Grundschule. Grundlagen, Methoden, Anregungen.* Berlin 2001.

EKKEHARD, Martens: *Philosophieren mit Kindern. Eine Einführung in die Philosophie.* Stuttgart 1999.

ENGELHARD, Stephan. *Modelle und Perspektiven der Kinderphilosophie.* Heinsberg 1997.

FREESE, Hans-Ludwig. *Kinder sind Philosophen.* Weinheim 2002.

FREESE, Hans-Ludwig. Phantasie und Reflexion, in: Martens, Ekkehard u. Schreier, Helmut (Hg.): *Philosophieren mit Schulkindern.* Heinsberg 1994.

HÜBNER, Kurt. Kritik der wissenschaftlichen Vernunft. Freiburg 1978.

MARTENS, Ekkehard. *Philosophieren mit Kindern. Eine Einführung in die Philosophie.* Stuttgart 1999.

WIESHEU, Roswitha. Kinder philosophieren – und kommen dem Leben auf die Spur!, in: Karlfriedrich Herb/Siegfried Höfling/Roswitha Wisheu (Hg.): *Kinder Philosophieren. Argumente und Materialien zum Zeitgeschehen.* München 2007.

ZOLLER, Eva. *Die kleinen Philosophen. Vom Umgang mit „schwierigen" Kinderfragen.* Freiburg 1995.

BEI GRIN MACHT SICH IHR WISSEN BEZAHLT

- Wir veröffentlichen Ihre Hausarbeit, Bachelor- und Masterarbeit

- Ihr eigenes eBook und Buch - weltweit in allen wichtigen Shops

- Verdienen Sie an jedem Verkauf

Jetzt bei www.GRIN.com hochladen und kostenlos publizieren